Livre de cui débutants sur la friteuse à air

Un livre de cuisine pour débutants avec des recettes délicieuses et faciles.
Gagnez du temps et de l'argent grâce à des plats délicieux, étonnants et appétissants.

Ursula Mayert

Table des matières

En outre, la transmission, la duplication ou la reproduction de l'un des travaux suivants, y compris des informations spécifiques, sera considérée comme un acte illégal, qu'elle soit effectuée par voie électronique ou sur papier. Cela s'étend à la création d'une copie secondaire ou tertiaire de l'œuvre ou d'une copie enregistrée et n'est autorisé qu'avec le consentement écrit explicite de l'éditeur. Tous les droits supplémentaires sont réservés.

Les informations contenues dans les pages suivantes sont généralement considérées comme un compte rendu véridique et précis des faits et, en tant que telles, toute inattention, utilisation ou abus des informations en question par le lecteur rendra toute action en résultant uniquement de son ressort. Il n'existe aucun scénario dans lequel l'éditeur ou l'auteur original de ce travail peut être considéré comme responsable de quelque manière que ce soit des difficultés ou des dommages qui pourraient leur arriver après avoir entrepris les actions décrites dans le présent document.

En outre, les informations contenues dans les pages suivantes sont uniquement destinées à des fins d'information et doivent donc être considérées comme universelles. Comme il convient à leur nature, elles sont présentées sans garantie quant à leur validité prolongée ou leur qualité provisoire. Les marques mentionnées le sont sans consentement écrit et ne peuvent en aucun cas être considérées comme un aval du titulaire de la marque.

Introduction

Une friteuse à air est un appareil de cuisine relativement récent qui s'est avéré très populaire auprès des consommateurs. Bien qu'il existe de nombreuses variétés différentes, la plupart des friteuses à air partagent de nombreuses caractéristiques communes. Elles sont toutes dotées d'éléments chauffants qui font circuler de l'air chaud pour cuire les aliments. La plupart sont dotées de réglages préprogrammés qui aident les utilisateurs à préparer une grande variété d'aliments.

La friture à l'air est un mode de cuisson plus sain car il utilise moins d'huile que les méthodes traditionnelles de friture. Tout en préservant la saveur et la qualité des aliments, elle réduit la quantité de graisse utilisée dans la cuisson. La friture à l'air est une méthode courante pour "frire" des aliments qui sont principalement faits avec des œufs et de la farine. Grâce à cette méthode, ces aliments peuvent être mous ou croquants selon votre préférence.

Comment fonctionnent les friteuses à air

Les friteuses à air utilisent un ventilateur pour faire circuler l'air chaud autour des aliments. L'air chaud chauffe l'humidité des aliments jusqu'à ce qu'elle s'évapore et crée de la vapeur. Lorsque la vapeur s'accumule autour des aliments, elle crée une pression qui tire l'humidité de la surface des aliments et l'éloigne du centre, formant ainsi de petites bulles. Les bulles créent une couche d'air qui entoure les aliments et crée une croûte croustillante.

Choisir une friteuse à air

Lorsque vous choisissez une friteuse à air, recherchez un appareil qui a reçu de bonnes critiques pour la satisfaction du client. Commencez par les caractéristiques dont vous avez besoin, telles que la puissance, la capacité, la taille et les accessoires. Recherchez une friteuse facile à utiliser. Certaines friteuses à air du marché ont une minuterie intégrée et une température réglable. Recherchez une friteuse dotée d'un entonnoir pour récupérer la graisse, d'un panier lavable au lave-vaisselle et de pièces faciles à nettoyer.

Comment utiliser une friteuse à air

Pour de meilleurs résultats, préchauffez la friteuse à l'air à 400 F pendant 10 minutes. Le préchauffage de la friteuse à air permet d'atteindre la bonne température plus rapidement. De plus, le préchauffage de la friteuse est essentiel pour garantir que vos aliments ne brûlent pas.

Comment faire cuire des aliments dans une friteuse

Si vous n'avez pas encore de friteuse à air, vous pouvez commencer à jouer avec vos fours en y jetant des frites surgelées et en les faisant cuire jusqu'à ce qu'elles soient bien dorées. En fonction de votre four, regardez la température. Vous devrez peut-être augmenter ou diminuer le temps de cuisson.

Quels aliments peut-on faire cuire dans une friteuse à air ?

Oeufs : Bien que vous puissiez faire cuire des oeufs dans une friteuse à air, nous ne le recommandons pas car vous ne pouvez pas contrôler le temps et la température de cuisson aussi précisément qu'avec une poêle ou un poêlon traditionnel. Il est beaucoup plus facile d'obtenir des œufs cuits de façon inégale. Vous ne pouvez pas non plus ajouter de sauce ou d'assaisonnement et vous n'obtiendrez pas de bords dorés et croustillants.

Les aliments surgelés : En général, les aliments surgelés sont mieux cuits au four conventionnel car ils doivent atteindre une certaine température pour être bien cuits. La friteuse à air n'est pas capable d'atteindre des températures qui permettent une cuisson complète des aliments.

Aliments déshydratés : Les aliments déshydratés doivent être frits, ce que vous ne pouvez pas faire avec une friteuse à air. Lorsqu'il s'agit de cuire des aliments déshydratés, la friteuse à air n'est pas la meilleure option.

Légumes : Vous pouvez faire cuire des légumes dans une friteuse à air, mais vous devez vous assurer que la friteuse à air n'est pas réglée à une température qui les brûlerait.

Pour éviter que vos légumes ne soient trop cuits, démarrez la friteuse à l'air libre sans le panier, puis ajoutez les légumes une fois que l'air s'est réchauffé et qu'il n'y a plus de points froids.

Veillez à remuer les légumes toutes les quelques minutes. Vous pouvez aussi les faire cuire dans le panier, mais ils peuvent se coller un peu.

Des frites : Faire frire des frites dans une friteuse à air est un bon moyen d'obtenir des frites croustillantes et dorées sans ajouter beaucoup d'huile. Par rapport à la friture classique, la friture à l'air libre produit moins de calories.

Pour cuire des frites dans une friteuse à air, utilisez un panier ou une grille et versez suffisamment d'huile pour atteindre la moitié de la hauteur des frites. Pour un résultat optimal, assurez-vous que les frites sont congelées. Tournez la friteuse à 400 degrés et réglez-la pendant 12 minutes. Si vous voulez qu'elles soient plus croustillantes, vous pouvez la régler sur 18 minutes, mais elles risquent de brûler un peu.

Avantages d'une friteuse à air :

- C'est l'une des façons les plus simples de cuisiner des aliments sains. Utilisé 4 à 5 fois par semaine, c'est une option plus saine que la friture à l'huile dans votre four traditionnel ou l'utilisation d'aliments en conserve.

- Les repas à la friteuse sont un moyen facile de servir des aliments savoureux qui ne prennent pas beaucoup de place. Les friteuses permettent de cuire trois fois plus de nourriture que vous ne le pouvez dans votre micro-ondes.

- Les friteuses à air comprimé ont un faible encombrement et vous pouvez les ranger dans une armoire lorsqu'elles ne sont pas utilisées.

-Ils sont des appareils de cuisine polyvalents. Vous pouvez les utiliser pour cuisiner des aliments pour le déjeuner, le dîner et les collations.

- Les friteuses à air comprimé ne nécessitent que peu ou pas d'efforts dans la cuisine. Vous pouvez les utiliser avec le couvercle, ce qui signifie qu'il y a moins de vaisselle à faire.

Côtelettes de porc à l'ail

Temps de préparation : 10 minutes

Temps de cuisson : 10 minutes

Des portions : 4

Ingrédients :

- c. à thé de persil
- cuil. à café de gousses d'ail râpées
- 1 c. à soupe d'huile de coco
- 1 c. à soupe de beurre de coco
- côtelettes de porc

Itinéraire :

1. Préparation des ingrédients. Assurez-vous que votre friteuse à air est préchauffée à 350 degrés.
2. Mélangez le beurre, l'huile de coco et tous les assaisonnements. Frottez ensuite le mélange d'assaisonnement sur toutes les faces des côtelettes de porc. Placez-les dans du papier d'aluminium, fermez-les et mettez-les au réfrigérateur pendant 1 heure.
3. Retirer les côtelettes de porc du papier d'aluminium et les placer dans une friteuse à air.
4. Air Frying. Régler la température à 350°F, et régler la durée à 7 minutes. Faites cuire 7 minutes d'un côté et 8 minutes de l'autre.
5. Arroser d'huile d'olive et servir avec une salade verte.

Nutrition :

Calories : 526 ;

Gras : 23g ;

Protéines : 41 g ;

Sucre : 4 g

Steaks de porc cajuns

Temps de préparation : 5 minutes

Temps de cuisson : 20 minutes

Des portions : 6

Ingrédients :

- 4-6 steaks de porc
- Sauce barbecue :
- Assaisonnement cajun
- 1 c. à soupe de vinaigre
- 1 cuillère à café de sauce soja à faible teneur en sodium
- ½ C. sucre brun

Itinéraire :

1   Préparation des ingrédients. Assurez-vous que votre friteuse à air est préchauffée à 290 degrés.

2   Saupoudrez les steaks de porc d'assaisonnement cajun.

3   Mélanger les autres ingrédients et badigeonner les steaks. Ajouter les steaks enrobés dans la friteuse à air.

4   Air Frying. Régler la température à 290°F, et régler la durée à 20 minutes. Cuire 15 à 20 minutes jusqu'à ce qu'ils soient juste dorés.

Nutrition :

Calories : 209 ;

Gras : 11g ;

Protéines : 28g ;

Sucre : 2g

Porc grillé aigre-doux cajun

Temps de préparation : 5 minutes

Temps de cuisson : 12 minutes

Des portions : 3

Ingrédients :

- ¼ tasse de sucre brun
- 1/4 de tasse de vinaigre de cidre
- 1 livre de filet de porc, coupé en cubes de 1 pouce
- cuillères à soupe d'assaisonnement cajun
- cuillères à soupe de sucre brun

Itinéraire :

1 Préparation des ingrédients. Dans un plat peu profond, mélangez bien la longe de porc, 3 cuillères à soupe de sucre brun et l'assaisonnement cajun. Bien mélanger pour bien enrober. Laisser mariner dans le refrigérateur pendant 3 heures.

2 Dans un bol moyen, mélangez bien la cassonade et le vinaigre pour l'arrosage.

3 Enfiler les morceaux de porc en brochettes. Arroser de sauce et placer sur la grille des brochettes dans la friteuse à air.

4 Air Frying. Pendant 12 minutes, cuire à 360°F. A mi-cuisson, retourner les brochettes et les arroser de sauce. Si nécessaire, faire cuire par lots.

5 Servez et appréciez.

Nutrition :

Calories : 428 ;

Lipides : 16,7 g ;

Protéines : 39 g ;

Sucre : 2g

Longe de porc avec pommes de terre

Temps de préparation : 10 minutes

Temps de cuisson : 25 minutes

Portions : 2

Ingrédients :

- livres de longe de porc
- grosses pommes de terre rouges, hachées
- ½ cuillère à café de poudre d'ail
- ½ cuillère à café de flocons de piment rouge, écrasés
- Sel et poivre noir, selon le goût

Itinéraire :

1 Dans un grand bol, rassemblez tous les ingrédients sauf le glaçage et remuez pour bien enrober. Préchauffez la friteuse à 325 degrés F. Placez la longe dans le panier de la friteuse.

2 Disposer les pommes de terre autour de la longe de porc.

3 Faites cuire pendant environ 25 minutes.

Nutrition :

Calories:260

Lipides : 8g

Carburants : 27g

Protéines : 21g

Vue de l'omble rôti (Fesse de porc)

Temps de préparation : 10 minutes

Temps de cuisson : 25 minutes

Des portions : 4

Ingrédients :

- 1 bande d'épaule de porc avec une bonne quantité de gras marbré
- Marinade :
- 1 c. à café d'huile de sésame
- c. à soupe de miel cru
- 1 cuillère à café de sauce soja légère
- 1 c. à soupe de vin rosé

Itinéraire :

1 Mélangez tous les ingrédients de la marinade et mettez-la dans un sac Ziploc. Placez le porc dans le sac, en vous assurant que toutes les sections de la bande de porc sont englouties dans la marinade. Réfrigérer 3 à 24 heures.

2 Sortez la bande 30 minutes avant de planifier la cuisson et préchauffez votre friteuse à air à 350 degrés.

3   Poser le papier d'aluminium sur une petite casserole et badigeonner d'huile d'olive. Placer la bande de porc marinée sur la poêle préparée.

4   Réglez la température à 350°F, et réglez le temps à 20 minutes. Rôtir 20 minutes.

5   Glacer avec la marinade toutes les 5-10 minutes.

6   Retirer la bande et laisser refroidir quelques minutes avant de trancher.

Nutrition :

Calories : 289 ;

Gras : 13g ;

Protéines : 33g ;

Sucre : 1g

Côtelettes de porc asiatiques

Temps de préparation : 2 heures et 10 minutes

Temps de cuisson : 15 minutes

Portions : 2

Ingrédients :

- 1/2 tasse de sauce hoisin
- cuillères à soupe de vinaigre de cidre
- 1 cuillère à soupe de sauce chili sucrée asiatique
- Côtelettes de porc désossées (1/2 pouce d'épaisseur)
- sel et poivre

Itinéraire :

1   Mélangez le hoisin, la sauce chili et le vinaigre dans un grand bol. Séparez un quart de tasse de ce mélange, puis ajoutez les côtelettes de porc dans le bol et laissez reposer au réfrigérateur pendant 2 heures. Sortez les côtelettes de porc et placez-les sur une assiette. Saupoudrez chaque côté de la côtelette de porc uniformément de sel et de poivre.

2   Cuire à 360 degrés pendant 14 minutes, en retournant à mi-cuisson. Badigeonner de la marinade réservée et servir.

Nutrition :

Calories : 338 ;

Gras : 21g ;

Protéines : 19g ;

Fibre:1g

Côtelettes de porc marinées

Temps de préparation : 10 minutes

Temps de cuisson : 30 minutes

Servir : 2

Ingrédients :

- côtelettes de porc désossées
- 1 cuillère à café de poudre d'ail
- ½ tasse de farine
- 1 tasse de babeurre
- Sel et poivre

Itinéraire :

1 Ajoutez des côtelettes de porc et du babeurre dans un sachet à fermeture éclair. Fermez le sac et mettez le tout de côté au réfrigérateur pendant la nuit.

2 Dans un autre sachet à fermeture éclair, ajoutez de la farine, de la poudre d'ail, du poivre et du sel.

3 Retirer les côtelettes de porc marinées du babeurre, les ajouter au mélange de farine et les agiter jusqu'à ce qu'elles soient bien enrobées.

4 Préchauffez le four de la friteuse à air pulsé instantané à 380 F.

5 Vaporiser le plateau de la friteuse à air avec de l'aérosol de cuisson.

6 Disposez les côtelettes de porc sur un plateau et faites-les frire à l'air libre pendant 28 à 30 minutes. Retourner les côtelettes de porc après 18 minutes.

7 Servez et appréciez.

Nutrition :

Calories 424

Lipides 21,3 g

Carburants 30,8 g

Protéines 25,5 g

Steak au beurre de fromage

Temps de préparation : 10 minutes

Temps de cuisson : 8-10 minutes

Portions : 2

Ingrédients :

- entrecôtes de boeuf
- c. à café de poudre d'ail
- 1/2 c. à soupe de beurre de fromage bleu
- 1 cuillère à café de poivre
- c. à café de sel casher

Itinéraire :

1 Préchauffez la friteuse à air à 400 F.

2 Mélanger la poudre d'ail, le poivre et le sel et frotter sur les steaks.

3 Vaporiser le panier de la friteuse à air avec de l'aérosol de cuisson.

4 Mettez le steak dans le panier de la friteuse à air et faites-le cuire pendant 4-5 minutes de chaque côté.

5 Garnir de fromage bleu.

6 Servez et appréciez.

Nutrition :

Calories 830

Lipides 60 g

Glucides 3 g

Sucre 0 g

Protéines 70g

Cholestérol 123 mg

Bols à moules

Temps de préparation : 5 minutes

Temps de cuisson : 15 minutes

Portions : 2

Ingrédients :

- piler les moules, les frotter
- onces de bière noire
- 1 oignon jaune, haché
- onces de saucisse épicée, hachée
- 1 cuillère à soupe de paprika

Itinéraire :

1 Mélangez tous les ingrédients dans une poêle
   qui convient à votre friteuse à air.

2 Mettez la poêle dans la friteuse à air et faites
   cuire à 400 degrés F pendant 12 minutes.

3 Répartissez les moules dans des bols, servez et
   dégustez !

Nutrition :

Calories 201,

Grosse 6,

Fibre 7,

Carburants 17,

Protéine 7

Mélange de poulet et de grains de poivre

Temps de préparation : 5 minutes

Temps de cuisson : 20 minutes

Portions : 2

Ingrédients :

- cuisses de poulet, désossées
- Sel et poivre noir à volonté
- ½ tasse de vinaigre balsamique
- gousses d'ail, hachées
- ½ tasse de sauce soja

Itinéraire :

1. Dans un récipient adapté à votre friteuse à air, mélangez le poulet avec tous les autres ingrédients et remuez.
2. Mettez la poêle dans la friteuse et faites cuire à 380 degrés F pendant 20 minutes.
3. Répartissez tout dans les assiettes et servez.

Nutrition :

Calories 261,

Grosse 7,

Fibre 5,

Carburants 15,

Protéine 16

Galettes de saumon

Temps de préparation : 10 minutes

Temps de cuisson : 7 minutes

Portions : 2

Ingrédients :

- oz de filet de saumon, haché
- 1 citron, en tranches
- 1/2 cuillère à café de poudre d'ail
- 1 œuf, légèrement battu
- 1/8 c. à café de sel

Itinéraire :

1 Ajouter tous les ingrédients sauf les tranches de citron dans le bol et mélanger jusqu'à ce que le tout soit bien mélangé.

2 Vaporiser le panier de la friteuse à air avec de l'aérosol de cuisson.

3 Placez une tranche de citron dans le panier de la friteuse à air.

4 Préparez des galettes de même forme à partir du mélange de saumon et placez-les sur des tranches de citron dans le panier de la friteuse à air.

5 Cuire à 390 F pendant 7 minutes.

6 Servez et appréciez.

Nutrition :

Calories 184

Lipides 9,2 g

Glucides 1 g

Sucre 0,4 g

Protéine 24,9 g

Cholestérol 132 mg

Crevettes aux légumes

Temps de préparation : 10 minutes

Temps de cuisson : 20 minutes

Portions : 2

Ingrédients :

- 50 petites crevettes
- 1 cuillère à soupe d'assaisonnement cajun
- 1 sac de légumes mélangés surgelés
- 1 cuillère à soupe d'huile d'olive

Itinéraire :

1 Panier de friteuse à air avec du papier d'aluminium.

2 Dans un grand bol, mettez tous les ingrédients et mélangez bien.

3 Transférez le mélange de crevettes et de légumes dans le panier de la friteuse à air et faites cuire à 350 F pendant 10 minutes.

4 Mélangez bien et laissez cuire pendant 10 minutes de plus.

5 Servez et appréciez.

Nutrition :

Calories 101

Lipides 4 g

Glucides 14 g

Sucre 1 g

Protéine 2 g

Cholestérol 3 mg

Ailes de poulet au chili et à l'ail

Temps de préparation : 10 minutes

Temps de cuisson : 35 minutes

Portions : 2

Ingrédients :

- lb d'ailes de poulet
- c. à café de sel assaisonné
- 1/2 tasse de farine de noix de coco
- 1/4 c. à café de poudre d'ail
- 1/4 c. à café de poudre de chili

Itinéraire :

1 Préchauffez la friteuse à air à 370 F.

2 Dans un bol, mettez tous les ingrédients sauf les
   ailes de poulet et mélangez bien.

3 Ajouter les ailes de poulet dans le bol et bien les
   enrober.

4 Vaporiser le panier de la friteuse à air avec de
   l'aérosol de cuisson.

5 Ajoutez les ailes de poulet par lots dans le
   panier de la friteuse à air.

6 Cuire pendant 35-40 minutes. Agiter à mi-
   cuisson.

7 Servez et appréciez.

Nutrition :

Calories 440

Lipides 17,1 g

Glucides 1 g

Sucre 0,2 g

Protéines 65 g

Funky-Garlic et seins de dinde

Temps de préparation : 10 minutes

Temps de cuisson : 25 minutes

Portions : 2

Ingrédients :

- ½ cuillère à café de poudre d'ail
- cuillères à soupe de beurre
- ¼ cuillère à café d'origan séché
- 1 livre de poitrines de dinde désossées
- 1 cuillère à café de poivre et de sel

Itinéraire :

1. Assaisonner généreusement la dinde des deux côtés avec de l'ail, de l'origan séché, du sel et du poivre

2. Réglez votre friteuse à air en mode "sauté" et ajoutez du beurre, laissez le beurre fondre

3. Ajouter les poitrines de dinde et faire sauter pendant 2 minutes de chaque côté

4. Verrouillez le couvercle et sélectionnez le réglage "Bake/Roast", faites cuire pendant 15 minutes à 355 degrés F

5. Servir et déguster

Nutrition :

Calories 223,

Gras 13g,

Glucides 5g,

Protéine 19g

Ailes de poulet au chili

Temps de préparation : 10 minutes

Temps de cuisson : 35 minutes

Portions : 2

Ingrédients :

- ½ tasse de sauce piquante
- ½ tasse d'eau
- cuillère à soupe de beurre
- 32 onces d'ailes de poulet congelées
- ½ tsp paprika

Itinéraire :

1 Ajoutez tous les ingrédients dans le panier de cuisson et de croustillant et placez le panier à l'intérieur de la friteuse à air

2 Placez le couvercle de l'autocuiseur sur le dessus de la marmite et fermez la valve de pression en position de fermeture. Réglez la fonction d'autocuiseur à haute température et réglez la minuterie pour 5 minutes

3   Dès que la cuisson est terminée, relâchez
    rapidement la pression en ouvrant
    soigneusement la vanne du cuiseur à vapeur

Servir chaud

Nutrition :

Calories 311,

Gras 23g,

Glucides 0g,

Protéines 24g

Pilons au citron

Temps de préparation : 10 minutes

Temps de cuisson : 28 minutes

Portions : 2

Ingrédients :

- ½ tasse de sauce piquante
- cuillère à soupe de beurre
- ½ tasse d'eau
- 1/3 de tasse de jus de citron
- Bâton de 1 livre

Itinéraire :

1 Ajoutez tous les ingrédients dans le panier de cuisson et de croustillant et placez le panier à l'intérieur de la friteuse à air

2 Placez le couvercle de l'autocuiseur sur le dessus de la marmite et fermez la valve de pression en position de fermeture. Réglez la fonction d'autocuiseur à haute température et réglez la minuterie pour 5 minutes

3 Immédiatement après la cuisson, relâchez rapidement la pression en ouvrant soigneusement la vanne du cuiseur à vapeur.

Servir chaud

Nutrition :

Calories 414,

Graisse 26g,

Glucides 3g,

Protéines 42g.

Poulet Salsa Verde

Temps de préparation : 5 minutes

Temps de cuisson : 25 minutes

Portions : 2

Ingrédients :

- onces de Salsa Verde
- 1 cuillère à soupe de paprika
- Poitrines de poulet désossées d'un kilo
- 1 cuillère à café de coriandre moulue
- 1 cuillère à café de coriandre

Itinéraire :

1 Frottez les blancs de poulet désossés avec le paprika, le poivre noir moulu et la coriandre. Mettez l'autocuiseur en mode "Pression".

2 Placez le poulet désossé dans l'autocuiseur. Saupoudrez la viande avec la salsa Verde et remuez bien.

3 Fermez le couvercle de l'autocuiseur et faites cuire pendant 30 minutes.

4   Lorsque le temps de cuisson est terminé, relâchez la pression et transférez le poulet dans le bol à mélanger. Déchiquetez bien le poulet. Servez-le.

Nutrition :

Calories : 160

Lipides : 4g

Carburants : 5g

Protéines : 26g

Bœuf de Madère

Temps de préparation : 5 minutes

Temps de cuisson : 25 minutes

Des portions : 6

Ingrédients :

- 1 tasse de Madère
- 1 et ½ livres de viande de bœuf en cubes
- Sel et poivre noir au goût
- 1 oignon jaune, en fines lamelles
- 1 piment rouge, coupé en tranches

Itinéraire :

1 Mettez la grille réversible dans la friteuse Air, ajoutez le plat de cuisson à l'intérieur et mélangez tous les ingrédients.

2 Faites cuire au four à 380 degrés F pendant 25 minutes, répartissez le mélange dans des bols et servez.

Nutrition :

Calories 295,

Grosse 16,

Fibre 9,

Carburants 20,

Protéine 15.

Porc à la crème et courgettes

Temps de préparation : 5 minutes

Temps de cuisson : 25 minutes

Des portions : 4

Ingrédients :

- 1 et ½ livres de viande de ragoût de porc, en cubes
- 1 tasse de sauce tomate
- 1 cuillère à soupe d'huile d'olive
- courgettes, coupées en tranches
- Sel et poivre noir au goût

Itinéraire :

1 Mettez la grille réversible dans la friteuse Air, ajoutez le plat de cuisson à l'intérieur et mélangez tous les ingrédients.

2 Faites cuire au four à 380 degrés F, répartissez le mélange dans des bols et servez.

Nutrition :

Calories 284,

Grosse 12,

Fibre 9,

Carburants 17,

Protéine 12.

Friteuse Tofu Satay

Temps de préparation : 30 minutes

Temps de cuisson : 25 minutes

Portions : 2

Ingrédients :

- 1 bloc de tofu, extra ferme
- c. à soupe de sauce soja
- c. à café de pâte d'ail au gingembre
- 1 cuillère à café de sauce sriracha

- 1 c. à soupe de sirop d'érable + jus de citron vert

Itinéraire :

1 Mélangez le sirop d'érable avec le jus de citron vert, la pâte d'ail et de gingembre, le sriracha et la sauce soja dans un robot ou un mélangeur. Mélangez le tout jusqu'à l'obtention d'un mélange homogène.

2 Coupez le tofu en lamelles. Ajoutez la purée sur les lanières et laissez mariner pendant 15 à 30 minutes.

3 Faites tremper 6 brochettes de bambou dans l'eau pendant que le tofu marinise.

4 Avec un coupe-fil, coupez chaque brochette en deux, car une brochette entière ne tiendra pas dans la friteuse.

5 Embrochez une bande de tofu sur chaque bâton de bambou. Peignez-les à travers le côté non coupé de la brochette.

6 Placez les brochettes dans la friteuse. Réglez la température à 370 F et laissez cuire pendant 15 minutes. Il n'est pas nécessaire de mélanger le contenu.

7 Servir avec une sauce au beurre de cacahuètes.

Nutrition :

Calories : 236

Lipides : 11g

Carburants : 17g

Protéines : 17g

Tofu au barbecue sucré et collant

Temps de préparation : 10 minutes

Temps de cuisson : 50 minutes

Portions : 2

Ingrédients :

- 1 ½ tasses de sauce BBQ
- 1 bloc de tofu, extra ferme
- Huile pour le graissage

Itinéraire :

1. Réglez la température à 400°F et préchauffez la friteuse.

2. Appuyez sur le tofu et coupez-le en cubes de 1".

3. Placez-les sur une plaque à pâtisserie graissée.

4. Appliquez une couche de sauce barbecue et laissez cuire dans la friteuse pendant 20 minutes. Gardez-la à part.

5. Ajoutez ½ tasse de sauce BBQ dans une casserole en verre. La sauce doit se répartir uniformément dans la casserole. Placez les cubes de tofu cuits dessus et ajoutez une autre couche de sauce.

6   Transférez-les à nouveau dans la friteuse et laissez cuire pendant 30 minutes.

7   Profitez-en !

Nutrition :

Calories : 173

Lipides : 10g

Carburants 9g

Protéines : 16g

Bol à légumes

Temps de préparation : 10 minutes

Temps de cuisson : 30 minutes

Portions : 2

Ingrédients :

- tasses de choux de Bruxelles
- tasses de patate douce
- c. à café de poudre d'ail
- c. à soupe de sauce soja, pauvre en sodium
- Spray de cuisson

Itinéraire :

1 Placez les patates douces dans la friteuse. Ajoutez une légère couche d'huile pour les mélanger.

2 Recouvrir d'une cuillère à café de poudre d'ail et mélanger.

3 Réglez la température à 400 F et faites cuire pendant 15 minutes. Remuez après 5 minutes.

4 Transférez les choux de Bruxelles dans le panier de cuisson et vaporisez une couche d'huile et le reste de la poudre d'ail. Mélangez-les bien et faites-les cuire à 400 F pendant 5 minutes.

5 Versez un peu de sauce soja et secouez pour enrober uniformément les légumes.

6 Réglez à la même température et faites cuire pendant 5 minutes. Vérifiez quand elle atteint 2 minutes et remuez le contenu.

7 Le temps de cuisson dépend du légume. Une fois les légumes cuits, ils seront tendres et bruns.

Nutrition :

Calories : 261

Lipides : 8g

Carburants : 28g

Protéines : 14g

Peau de poisson frit à l'air

Temps de préparation : 10 minutes

Temps de cuisson : 15 minutes

Portions : 2

Ingrédients :

- ½ piler la peau du saumon
- c. à soupe d'huile pour le cœur
- Sel et poivre, selon les besoins

Itinéraire :

1 Fixez la température à 400° F et préchauffez la friteuse pendant 5 minutes.

---

2 Veillez à ce que la peau du saumon soit bien sèche.

3 Dans un bol, ajoutez tous les composants et mélangez bien.

4 Transférez les ingrédients dans le panier de la friteuse et fermez-le

5 Laissez cuire pendant 10 minutes à une température de 400 F.

6 Secouez les objets à la moitié du temps de cuisson, pour vous assurer que la peau est cuite uniformément.

Nutrition :

Calories:150

Grosse:13

Carburants:3

Protéines : 9

Poisson thaïlandais cuit au four

Temps de préparation : 10 minutes

Temps de cuisson : 25 minutes

Portions : 2

Ingrédients :

- 1 livre de filet de cabillaud
- 1 c. à soupe de jus de citron vert
- ¼ tasse de lait de coco
- Sel et poivre, selon les besoins

Itinéraire :

1 Coupez le filet de cabillaud en petits morceaux.

2 Réglez la température à 325°F et préchauffez la friteuse pendant 5 minutes.

3 Ajoutez tous les ingrédients dans un plat de cuisson et transférez le tout dans une friteuse.

4 Laissez cuire pendant 20 minutes à une température de 325 F.

5 Profitez-en !

Nutrition :

Calories : 333

Lipides : 5g

Carburants : 56g

Protéines : 18g

Corned Beef braisé au four

Temps de préparation : 10 minutes

Temps de cuisson : 55 minutes

Portions : 2

Ingrédients :

- 1 oignon moyen, haché
- tasses d'eau
- cuillère à soupe de moutarde de Dijon
- livres de poitrine de corned-beef

Itinéraire :

1. Fixez la température à 400° F et préchauffez la friteuse pendant 5 minutes.

2. Couper la poitrine en morceaux

3. Ajoutez tous les ingrédients sur une plaque de cuisson qui s'adapte à l'intérieur de la friteuse.

4. Laissez cuire pendant 50 minutes à une température de 400 F.

5. Profitez-en !

6. Nutrition :

Calories : 320

Lipides : 22g

Carburants : 10g

Protéines : 21g

Bouchées de porc keto croustillantes

Temps de préparation : 5 minutes

Temps de cuisson : 25 minutes

Portions : 2

Ingrédients :

- 1 oignon moyen
- ½ livre de poitrine de porc
- c. à soupe de crème de coco
- 1 c. à soupe de beurre
- Sel et poivre, selon le goût

Itinéraire :

1. Couper la poitrine de porc en lanières fines et régulières
2. L'oignon doit être coupé en dés.
3. Transférez tous les ingrédients dans un bol et laissez mariner au réfrigérateur pendant les deux heures suivantes.
4. Fixez la température à 350 F et préchauffez la friteuse pendant 5 minutes.
5. Conservez les lanières de porc à l'intérieur de la friteuse et laissez-les cuire pendant 25 minutes à une température de 350 F.

6   Profitez-en !

Nutrition :

Calories : 448

Gras : 42g

Carburants : 2g

Protéines : 20g

Champignons à l'ail et au soja

Temps de préparation : 2 heures et 5 minutes

Temps de cuisson : 25 minutes

Portions : 2

Ingrédients :

- livres de champignons
- gousses d'ail
- ¼ tasse de noix de coco amino
- c. à soupe d'huile d'olive

Itinéraire :

1 Transférez tous les ingrédients dans un plat et mélangez jusqu'à ce qu'ils soient bien incorporés.

2 Laisser mariner pendant 2 heures au réfrigérateur

3 Fixez la température à 350 F et préchauffez pendant 5 minutes.

4 Transférez les champignons dans un plat résistant à la chaleur qui peut tenir dans une friteuse

5 Laissez cuire pendant 20 minutes à une température de 350 F.

6   Profitez-en !

Nutrition :

Calories : 216

Gras : 16g

Carburants : 13g

Protéines:11g

Le poulet au crack

Temps de préparation : 5 minutes

Temps de cuisson : 30 minutes

Portions : 2

Ingrédients :

- 1 bloc de fromage à la crème
- poitrines de poulet
- tranches de bacon
- ¼ tasse d'huile d'olive
- Sel et poivre

Direction :

1 Fixez la température à 350 °F et laissez la friteuse préchauffer pendant 5 minutes

2 Dans un plat de cuisson qui peut s'adapter à la friteuse, placez le poulet.

3 Appliquez le fromage à la crème et l'huile d'olive dessus. Faites frire le bacon et émiettez-le sur le poulet.

4 Assaisonner selon les besoins.

5 Transférez le plat dans la friteuse et faites-le cuire pendant 25 minutes à une température de 350 F.

6 Profitez-en !

Nutrition :

Calories : 250

Carburants : 14 g

Lipides : 19 g

Protéines : 22 g

Rôti de bœuf à l'épreuve des balles

Temps de préparation : 2 heures

Temps de cuisson : 2 heures et 5 minutes

Portions : 2

Ingrédients :

1   1 tasse de bœuf biologique

2   c. à soupe d'huile d'olive

3   livres de rôti de bœuf

4   Sel et poivre, selon le goût

Itinéraire :

- Placez tous les ingrédients dans un sac refermable et laissez mariner au réfrigérateur pendant environ deux heures.

- Fixez la température à 400° F et préchauffez la friteuse pendant 5 minutes.

- Placez les ingrédients dans le sac Ziploc dans une plaque de cuisson qui s'adaptera à la friteuse.

- Laissez cuire pendant 2 heures à une température de 400 F.

- Servez pendant qu'il est chaud.

Nutrition :

Calories : 280

Carburants : 13 g

Lipides : 15 g

Protéines : 26 g

Poisson-chat frit à l'air

Temps de préparation : 5 minutes

Temps de cuisson : 20 minutes

Portions : 2

Ingrédients :

- 1 œuf entier
- filets de poisson-chat
- ¼ tasse de farine d'amandes
- Sel et poivre, au goût
- c. à soupe d'huile d'olive

Itinéraire :

1 Fixez la température à 350 F et préchauffez la friteuse pendant 5 minutes.

2 Saupoudrez de sel et de poivre le filet de poisson-chat.

3 Battez les œufs, faites-y tremper le poisson-chat et trempez-le dans de la farine d'amandes.

4 Enlevez l'excédent et appliquez une couche d'huile d'olive sur sa surface.

5 Transférez le poisson dans la friteuse et laissez-le cuire pendant 15 minutes à une température de 350 F.

6   Profitez-en !

Nutrition :

Calories : 210

Carburants : 9 g

Lipides : 11 g

Protéines : 17 g

Filet de poisson au citron

Temps de préparation : 5 minutes

Temps de cuisson : 20 minutes

Portions : 2

Ingrédients :

- filets de saumon
- ½ tasse de farine d'amandes
- 1 citron
- c. à soupe d'huile végétale
- 1 œuf entier

Itinéraire :

1   Fixez la température à 400° F et préchauffez la friteuse pendant 5 minutes.

2   Assaisonnez le poisson avec du citron, du sel, du poivre et de l'huile végétale.

3   Battez l'œuf et faites-y tremper le filet. Couvrez le filet de farine d'amande.

4   Transférez le poisson dans le panier de cuisson et laissez-le cuire pendant 15 minutes à une température de 400 F.

5   Profitez-en !

Nutrition :

Calories : 230

Carburants : 10 g

Lipides : 12 g

Protéines : 20 g

Crevettes à la noix de coco

Temps de préparation : 10 minutes

Temps de cuisson : 10 minutes

Portions : 2

Ingrédients :

- 1 tasse de noix de coco non sucrée et séchée
- grandes crevettes
- 1 tasse de farine blanche
- 1 tasse de blanc d'œuf
- 1 tasse de chapelure de panko

Itinéraire :

1 Gardez les crevettes sur des serviettes en papier.

2 Mélangez la chapelure et la noix de coco dans une casserole et réservez.

3 Dans une autre casserole, mélangez la fécule de maïs et la farine et mettez-les de côté.

4 Gardez les blancs d'oeufs dans un bol

5 Mettez les crevettes, une à la fois, d'abord dans le mélange de farine. Ensuite, plongez-les dans les blancs d'œufs et enfin dans le mélange de chapelure.

6   Transférez toutes les crevettes dans le panier de la friteuse à air.

7   Ajustez la température à 400 F et le temps à 10 minutes.

8   A la moitié du temps de cuisson, vous pouvez retourner les crevettes si nécessaire.

9   Profitez-en !

Nutrition :

Calories : 220

Carburants : 11 g

Lipides : 10 g

Protéines : 16 g

Ailes de buffle

Temps de préparation : 5 minutes

Temps de cuisson : 30 minutes

Portions : 2

Ingrédients :

- c. à soupe de sauce piquante
- lb. d'ailes de poulet
- c. à soupe de beurre fondu
- Sel et poivre, selon le goût

Itinéraire :

- Couper les extrémités des ailes de poulet
- Mélangez la sauce piquante et le beurre fondu.

- Laissez le poulet mariner dans la sauce piquante pendant la nuit ou pendant plusieurs heures au réfrigérateur.
- Régler la température à 390 F et préchauffer la friteuse
- Transférez les ailes dans le panier de cuisson et laissez cuire pendant 14 minutes.
- Préparez la sauce supplémentaire avec 3 c. à soupe de beurre fondu et ¼ tasse de sauce piquante.
- Prenez un sac en plastique ou un bol et ajoutez-y les ailes de poulet. Ajoutez un peu de sauce supplémentaire si nécessaire.
- Servir avec une trempette de fromage bleu ou du ranch.

Nutrition :

Calories : 190

Carburants : 9 g

Lipides : 9 g

Protéines : 15 g

Entrecôte

Temps de préparation : 5 minutes

Temps de cuisson : 25 minutes

Portions : 2

Ingrédients :

1   1 c. à soupe d'huile d'olive

2   kilos d'entrecôte

3   1 c. à soupe de sauce pour steak

Itinéraire :

- Ajustez le temps de cuisson de la friteuse à 4 minutes et réglez ensuite la température à 400 F pour préchauffer.

- Frottez les deux côtés du steak avec la pâte et l'huile d'olive.

- Transférez le steak dans le panier à friture.

- Réglez le temps de cuisson à 14 minutes et la température à 400 F.

- Une fois les 7 minutes écoulées, retournez le steak sur son autre face.

- Lorsque la cuisson est terminée, retirez le steak de la friteuse et laissez-le refroidir pendant 10 minutes avant de le servir.

Nutrition :

Calories : 310

Carburants : 16 g

Lipides : 19 g

Protéines : 34 g

Délicieux steaks chauds

Temps de préparation : 5 minutes

Temps de cuisson : 10 minutes

Portions : 2

Ingrédients :

1. steaks d'un pouce d'épaisseur
2. ½ cuillère à café de poivre noir
3. 1 cuillère à soupe d'huile d'olive
4. ½ tsp paprika moulu
5. Sel et poivre noir à volonté

Itinéraire

- Réchauffez la friteuse à 390° F. Mélangez l'huile d'olive, le poivre noir, le paprika, le sel et le poivre et frottez sur les steaks. Étendre uniformément. Mettez les steaks dans la friteuse et faites-les cuire pendant 6 minutes en les retournant à mi-cuisson.

Nutrition :

Calories : 300

Carburants : 15 g

Lipides : 19 g

Protéines : 32 g

Gâteaux de foie de bœuf à la crème

Temps de préparation : 5 minutes

Temps de cuisson : 20 minutes

Portions : 2

Ingrédients :

1   1 livre de foie de bœuf, en tranches

2   les gros œufs

3   1 cuillère à soupe de beurre

4   ½ cuillère à soupe d'huile de truffe noire

5   1 cuillère à soupe de crème

6   Sel et poivre noir

Itinéraire

• Préchauffez la friteuse à 320 F. Coupez le foie en fines tranches et réfrigérez pendant 10 minutes. Séparez les blancs des jaunes et mettez chaque jaune dans une tasse. Dans un autre bol, ajoutez la crème, l'huile de truffe, le sel et le poivre et mélangez avec une fourchette. Disposez la moitié du mélange dans un petit ramequin.

- Versez le blanc de l'œuf et répartissez-le à parts égales dans des ramequins. Recouvrir avec les jaunes d'œufs. Entourez chaque jaune d'un foie. Cuire pendant 15 minutes et servir frais.

Nutrition :

Calories : 215

Carburants : 11 g

Lipides : 10 g

Protéines : 20 g

Côtelettes de porc à la crème

Temps de préparation : 5 minutes

Temps de cuisson : 20 minutes

Des portions : 4

Ingrédients :

- côtelettes de porc, coupe centrale
- cuillère à soupe de farine
- cuillerée à soupe de crème aigre
- Sel et poivre noir

- ½ tasse de chapelure

Itinéraire

1 Enduire les côtelettes de farine. Arroser de crème et frotter doucement pour bien enrober. Étalez la chapelure dans un bol, et enduisez chaque côtelette de porc de chapelure. Vaporisez les côtelettes d'huile et disposez-les dans le panier de votre friteuse à air. Faites cuire pendant 14 minutes à 380 F, en les retournant une fois à mi-cuisson. Servir avec une salade, une salade de choux ou des pommes de terre.

Nutrition :

Calories : 250

Carburants : 13 g

Lipides : 13 g

Protéines : 24 g

Poitrine de porc aux cinq épices

Temps de préparation : 10 minutes

Temps de cuisson : 3 heures

Portions : 2

Ingrédients :

- 1 ½ lb de poitrine de porc, blanchie
- 1 cuillère à café d'assaisonnement aux cinq épices
- ½ cuillère à café de poivre blanc
- ¾ c. à café de poudre d'ail
- 1 cuillère à café de sel

Itinéraire

1 Après avoir blanchi la poitrine de porc, laissez-la à température ambiante pendant 2 heures pour qu'elle sèche à l'air libre. Tapotez avec du papier essuie-tout s'il y a un excès d'eau. Préchauffez la friteuse à l'air à 330 F. Prenez une brochette et percez la peau autant de fois que vous le pouvez, afin d'assurer le croustillant. Mélangez les assaisonnements dans un petit bol et frottez le tout sur le porc.

2 Placez le porc dans la friteuse à air et faites-le cuire pendant 30 minutes. Chauffez jusqu'à 350 F et faites cuire pendant 30 minutes supplémentaires. Laissez refroidir légèrement avant de servir.

Nutrition :

Calories : 280

Carburants : 14 g

Lipides : 17 g

Protéines : 29 g

Bifteck de côtelette rapide

Temps de préparation : 5 minutes

Temps de cuisson : 10 minutes

Portions : 2

Ingrédients :

- kilos d'entrecôte
- 1 cuillère à soupe d'huile d'olive
- Sel et poivre noir à volonté

Itinéraire

1 Préchauffez votre friteuse à 350 F. Frottez les deux côtés du steak avec de l'huile ; assaisonnez avec du sel et du poivre. Placez le steak dans le panier de cuisson de votre friteuse et faites-le cuire pendant 8 minutes. Servez et appréciez !

Nutrition :

Calories : 300

Carburants : 15 g

Lipides : 19 g

Protéines : 32 g

Filets de porc à la pomme

Temps de préparation : 5 minutes

Temps de cuisson : 50 minutes

Des portions : 4

Ingrédients :

- filets de porc
- 1 pomme, en quartiers
- 1 plume de cannelle
- 1 cuillère à soupe de sauce soja
- Sel et poivre noir

Itinéraire

1 Dans un bol, ajoutez le porc, la pomme, la cannelle, la sauce soja, le sel et le poivre noir ; remuez pour bien enrober. Laissez reposer à température ambiante pendant 25-35 minutes. Mettez le porc et les pommes dans la friteuse à air et ajoutez un peu de marinade. Faites cuire à 380 F pendant 14 minutes, en retournant une fois à mi-cuisson. Servez chaud !

Nutrition :

Calories : 200

Carburants : 10 g

Lipides : 10 g

Protéines : 18 g

Bulgogi de bœuf aux champignons

Temps de préparation : 3 heures

Temps de cuisson : 20 minutes

Portions : 2

Ingrédients :

- oz bœuf
- ½ tasse de champignons tranchés
- c. à soupe de marinade de bulgogi
- 1 cuillère à soupe d'oignon coupé en dés

Itinéraire

1 Coupez le bœuf en bouchées et placez-les dans un bol. Ajoutez le bulgogi et mélangez pour enrober complètement le bœuf. Couvrez le bol et mettez au réfrigérateur pendant 3 heures pour faire mariner. Préchauffez la friteuse à air à 350 F.

2 Transférez le bœuf dans un plat de cuisson ; ajoutez le champignon et l'oignon en remuant. Faites cuire pendant 10 minutes, jusqu'à ce qu'ils soient bien tendres. Servez avec des pommes de terre rôties et une salade verte.

Nutrition :

Calories : 220

Carburants : 12 g

Lipides : 11 g

Protéines : 23 g

Soufflé au foie de bœuf fait maison

Temps de préparation : 15 minutes

Temps de cuisson : 30 minutes

Portions : 2

Ingrédients :

- ½ lb de foie de bœuf
- œufs
- oz buns
- 1 tasse de lait chaud
- Sel et poivre noir à volonté

Itinéraire

1. Coupez le foie en tranches et mettez-le au réfrigérateur pendant 15 minutes. Divisez les petits pains en morceaux et faites-les tremper dans du lait pendant 10 minutes. Mettez le foie dans un mixeur et ajoutez les jaunes, le mélange de pain et les épices. Broyez les composants et mettez-les dans les ramequins. Placez les ramequins dans le panier de la friteuse ; faites cuire pendant 20 minutes à 350 F.

Nutrition :

Calories : 230

Carburants : 15 g

Lipides : 11 g

Protéines : 26 g

Authentique escalope de bœuf à la saucisse

Temps de préparation : 5 minutes

Temps de cuisson : 30 minutes

Des portions : 4

Ingrédients :

1. escalopes de bœuf
2. ½ tasse de farine
3. œufs, battus
4. Sel et poivre noir
5. 1 tasse de chapelure

Itinéraire

- Enduisez les escalopes de bœuf de farine et enlevez l'excédent. Trempez les escalopes enrobées dans le mélange d'œufs. Assaisonnez avec du sel et du poivre noir. Trempez-les ensuite dans la chapelure et enrobez-les bien. Arrosez-les généreusement d'huile et faites-les cuire pendant 10 minutes à 360 F, en les retournant une fois à mi-cuisson.

Nutrition :

Calories : 195

Carburants : 12 g

Lipides : 11 g

Protéines : 18 g

Rôti de bœuf aux herbes

Temps de préparation : 5 minutes

Temps de cuisson : 45 minutes

Portions : 2

Ingrédients :

- c. à café d'huile d'olive
- 1 lb de rôti de bœuf
- ½ c. à café de romarin séché
- ½ c. à thé d'origan séché
- Sel et poivre noir à volonté

Itinéraire

1 Préchauffez la friteuse à 400 F. Versez de l'huile sur le bœuf et saupoudrez de sel, de poivre et d'herbes. Frottez sur la viande avec les mains. Faites cuire pendant 45 minutes pour une viande saignante et 50 minutes pour une viande bien cuite.

2 Vérifiez à mi-parcours et retournez-les pour vous assurer qu'ils cuisent de manière uniforme. Enveloppez le bœuf dans du papier d'aluminium pendant 10 minutes après la cuisson pour permettre aux jus de se réabsorber dans la viande. Coupez le bœuf en tranches et servez avec un côté d'asperges cuites à la vapeur.

Nutrition :

Calories : 235

Carburants : 12 g

Lipides : 13 g

Protéines : 28 g

Schnitzel de bœuf sans effort

Temps de préparation : 5 minutes

Temps de cuisson : 20 minutes

Portions : 2

Ingrédients :

- cuillère à soupe d'huile végétale
- oz de chapelure
- 1 œuf entier, battu
- 1 fine escalope de bœuf, coupée en lanières
- 1 citron entier

Itinéraire

1 Préchauffez votre friteuse à 356 F. Dans un bol, ajoutez de la chapelure et de l'huile et remuez bien pour obtenir un mélange homogène. Trempez l'escalope dans l'œuf, puis dans la chapelure pour bien l'enrober. Placez l'escalope préparée dans le panier de cuisson de votre friteuse et faites-la cuire pendant 12 minutes. Servez avec un filet de jus de citron.

Nutrition :

Calories : 205

Carburants : 12 g

Lipides : 11 g

Protéines : 25 g

Côtelettes de porc marinées sucrées

Temps de préparation : 5 minutes

Temps de cuisson : 20 minutes

Des portions : 3

Ingrédients :

- côtelettes de porc, ½-pouce d'épaisseur
- Sel et poivre noir à volonté
- 1 cuillère à soupe de sirop d'érable
- 1 ½ c. à soupe d'ail haché
- moutarde à cuillère à soupe

Itinéraire

1 Dans un bol, ajouter tous les ingrédients sauf le porc, et bien mélanger. Ajouter le porc et le mélanger à la sauce moutarde pour bien l'enrober. Faites glisser le panier de la friteuse et placez les côtelettes dans le panier ; faites cuire à 350 F pendant 6 minutes.

2 A mi-parcours, retourner le porc et poursuivre la cuisson pendant 6 minutes. Une fois prêt, les retirer sur un plat de service et les servir avec un côté d'asperges cuites à la vapeur.

Nutrition :

Calories : 260

Carburants : 13 g

Lipides : 15 g

Protéines : 27 g

Boulettes de saucisses à la sauge

Temps de préparation : 5 minutes

Temps de cuisson : 20 minutes

Des portions : 4

Ingrédients :

- ½ oz saucisses, tranchées
- Sel et poivre noir à volonté
- 1 tasse d'oignon, haché
- c. à soupe de chapelure
- 1 cuillère à café de sauge

Itinéraire

1 Faites chauffer votre Air Fryer à 340 F. Dans un bol, mélangez les oignons, la chair à saucisse, la sauge, le sel et le poivre. Ajoutez de la chapelure dans une assiette. Former des boules avec le mélange et les rouler dans la chapelure. Ajoutez les boulettes d'oignons dans le panier de cuisson de votre friteuse et faites-les cuire pendant 15 minutes. Servez et appréciez !

Nutrition :

Calories : 185

Carburants : 10 g

Lipides : 11 g

Protéines : 17 g

Poitrine de porc au miel

Temps de préparation : 5 minutes

Temps de cuisson : 30 minutes

Des portions : 8

Ingrédients :

- livres de poitrine de porc
- ½ cuillère à café de poivre
- 1 cuillère à soupe d'huile d'olive
- 1 c. à soupe de sel
- cuillère à soupe de miel

Itinéraire

1   Préchauffez votre Air Fryer à 400 F. Assaisonnez la poitrine de porc avec du sel et du poivre. Graisser le panier avec de l'huile. Ajoutez la viande assaisonnée et faites cuire pendant 15 minutes. Ajoutez du miel et faites cuire pendant 10 minutes de plus. Servez avec une salade verte.

Nutrition :

Calories : 250

Carburants : 12 g

Lipides : 14 g

Protéines : 25 g

Cocktail Franks in Blanket

Temps de préparation : 5 minutes

Temps de cuisson : 20 minutes

Des portions : 4

Ingrédients :

- oz cocktail franks
- oz can crescent rolls

Itinéraire

1 Utilisez un essuie-tout pour tapoter les francs de cocktail afin de les égoutter complètement. Coupez la pâte en rectangles de 1 par 1,5 pouces à l'aide d'un couteau. Roulez délicatement les franches dans les bandes en veillant à ce que les extrémités soient visibles. Placez au congélateur pendant 5 minutes.

2 Préchauffez la friteuse à 330 F. Sortez les francs du congélateur et placez-les dans le panier de la friteuse à air et faites cuire pendant 6-8 minutes. Augmentez la température à 390 F. Faites cuire pendant 3 minutes supplémentaires jusqu'à ce qu'une fine texture dorée apparaisse.

Nutrition :

Calories : 170

Carburants : 10 g

Lipides : 10 g

Protéines : 16 g

Épaule de porc assaisonnée

Temps de préparation : 15 minutes

Temps de cuisson : 1 heure

Des portions : 10

Ingrédients :

- livre une épaule de porc avec peau et os
- 2-3 cuillères à soupe d'assaisonnement adobo
- Sel, selon les besoins

Itinéraire :

1 Disposez l'épaule de porc sur une planche à découper, côté peau vers le bas.

2 Assaisonnez la face interne de l'épaule de porc avec de l'adobo et du sel.

3 Assaisonner l'intérieur de l'épaule de porc avec du sel et de l'adobo

4 Avec des ficelles de cuisine, attachez l'épaule de porc en forme de long cylindre rond.

5 Assaisonner la partie extérieure de l'épaule de porc avec du sel.

6 Insérez la tige de la rôtissoire à travers l'épaule de porc.

7   Insérez les fourchettes à rôtir, une de chaque côté de la tige pour fixer l'épaule de porc.

8   Disposez le bac d'égouttage dans le fond du four grille-pain Instant Omni Plus.

9   Maintenant, faites glisser le côté gauche de la tige dans la rainure le long de la barre métallique pour qu'elle ne bouge pas.

10 Puis, fermez la porte et touchez "Rotate".

11 Sélectionnez "Roast" et réglez la température à 350 degrés F.

12 Réglez la minuterie sur 60 minutes et appuyez sur la touche "Start".

13 Lorsque le temps de cuisson est terminé, appuyez sur le levier rouge pour libérer la tige.

14 Sortir le porc du four grille-pain et le placer sur un plateau pendant environ 10 minutes avant de le trancher.

15 Avec un couteau, coupez l'épaule de porc en tranches de la taille souhaitée et servez.

Nutrition :

Calories 397

Total des matières grasses 29,1 g

Graisses saturées 10,7 g

Cholestérol 122 mg

Sodium 176 mg

Total des glucides 0 g

Fibre 0 g

Sucre 0 g

Protéine 31,7 g

Plan de repas de 30 jours

Journée	Petit déjeuner	Déjeuner/dîner	Dessert
1	Poêle à crevettes	Rouleaux aux épinards	Gâteau à la crêpe Matcha
2	Yogourt à la noix de coco avec des graines de chia	Les pliages de fromage de chèvre	Mini-tartes au potiron et aux épices
3	Le pudding de Chia	Tarte aux crêpes	Barres aux noix
4	Bombes à graisse d'œuf	Soupe à la noix de coco	Gâteau de livre
5	Les "Grits" du matin	Tacos de poisson	Recette de tortillas à la cannelle
6	Oeufs écossais	Salade Cobb	Yogourt granola aux baies
7	Sandwich au bacon	Soupe au fromage	Sorbet aux baies
8	Noatmeal	Tartare de thon	Smoothie à la noix de coco

			et aux baies de coco
9	Petit-déjeuner au four avec de la viande	Chaudrée de palourdes	Smoothie à la banane et au lait de coco
10	Petit déjeuner Bagel	Salade asiatique de bœuf	Smoothie mangue-ananas
11	Hachis d'oeufs et de légumes	Keto Carbonara	Smoothie vert framboise
12	Poêle à cowboy	Soupe de chou-fleur aux graines	Smoothie aux baies chargées
13	Feta Quiche	Asperges enrobées de prosciutto	Smoothie à la papaye et à la banane et au chou frisé
14	Crêpes au bacon	Poivrons farcis	Smoothie à l'orange verte
15	Gaufres	Aubergines farcies au fromage de chèvre	Smoothie aux doubles baies
16	Chocolate Shake	Curry de Korma	Barres protéinées

			énergisantes
17	Oeufs en chapeau champignon Portobello	Bars à courgettes	Brownies sucrés et salés
18	Bombes à graisse Matcha	Soupe aux champignons	Keto Macho Nachos
19	Keto Smoothie Bowl	Champignons portobello farcis	Gelato au beurre de cacahuète et à la banane avec de la menthe
20	Omelette au saumon	Salade de laitue	Cannelle, pêches et yaourt
21	Hash Brown	Soupe à l'oignon	Popsicles au miel et à la menthe
22	La casserole de Black's Bangin	Salade d'asperges	Smoothie à l'orange et aux pêches
23	Coupes de bacon	Taboulé au chou-fleur	Smoothie à la noix de coco et aux pommes

			épicées
24	Oeufs aux épinards et fromage	Bœuf Salpicao	Smoothie sucré et salé
25	Remballages de tacos	Artichaut farci	Smoothie au gingembre et aux baies
26	Café Donuts	Rouleaux aux épinards	Smoothie végétarien
27	Omelette aux oeufs	Les pliages de fromage de chèvre	Smoothie au chocolat et aux noix
28	Ranch Risotto	Tarte aux crêpes	Smoothie Coco Fraise
29	Oeufs écossais	Soupe à la noix de coco	Smoothie aux oeufs et aux épinards
30	Oeufs frits	Tacos de poisson	Dessert crémeux Smoothie

Conclusion

Merci d'être arrivé à la fin de ce livre. Une friteuse à air est un ajout relativement récent à la cuisine, et il est facile de voir pourquoi les gens sont enthousiastes à l'idée de l'utiliser. Avec une friteuse, vous pouvez faire des frites croustillantes, des ailes de poulet, des poitrines de poulet et des steaks en quelques minutes. Il existe de nombreux aliments délicieux que vous pouvez préparer sans ajouter d'huile ou de graisse à votre repas. Là encore, veillez à lire les instructions de votre friteuse et à suivre les règles d'utilisation et d'entretien. Une fois que votre friteuse est en bon état de marche, vous pouvez vraiment faire preuve de créativité et commencer à expérimenter votre façon de préparer des aliments sains et savoureux.

C'est tout ! Merci !

Lightning Source UK Ltd.
Milton Keynes UK
UKHW020717220321
380773UK00013B/1077